SILVANA PERINI

PARLIAMO INSIEME L'ITALIANO

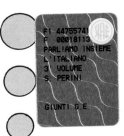

TESTO PER CORSI
DI LINGUA E CULTURA
ITALIANA ALL'ESTERO

TERZO LIVELLO 3

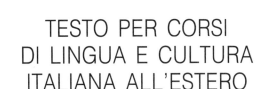

GIUNTI MARZOCCO

Presentazione di nuovi contenuti

Esercitazioni e verifiche

Poesie e filastrocche

Favole e racconti

Canzoni

Giochi linguistici

Riflessione sulla lingua

Grafica e illustrazioni
PETER PELLEGRINI

Redazione
ELISABETTA PERINI

Impianti
TIPONGRAPH - VERONA

Realizzazione
GIUNTI MARZOCCO

ISBN 88-09-00299-7
© 1991 Giunti Gruppo Editoriale, Firenze

Il corso di lingua «Parliamo insieme l'italiano» per fanciulli che apprendono la lingua italiana all'estero si articola in cinque volumi, per cinque livelli, ciascuno dei quali è corredato da un quaderno operativo.

Questa proposta di lavoro trae origine da una precisa scelta metodologica maturata attraverso la personale esperienza di insegnamento dell'italiano come seconda lingua, confrontata con i risultati degli studi più recenti in materia di psicolinguistica e glottodidattica, verificata in svariate situazioni scolastiche europee ed extraeuropee – particolarmente australiane – nell'ambito delle quali viene promosso l'apprendimento della lingua italiana.

La prospettiva della «lingua come comunicazione» induce a scandire gli obiettivi ed i contenuti del corso ponendo il fanciullo al centro del processo di apprendimento/insegnamento: un fanciullo protagonista che vive situazioni comunicative legate al suo mondo, ai suoi interessi, alle sue curiosità. In una progressione a spirale in cui gli esponenti di una funzione e di una nozione vengono via via ripresi, approfonditi, sviluppati e consolidati il bambino dapprima ascolta e comprende il messaggio, in un secondo tempo cerca di riprodurlo manipolandone gli elementi costitutivi e infine scopre e conquista costanti linguistiche basilari.

L'impostazione globale del corso è stata resa flessibile per consentire ai docenti di tarare gli obiettivi a misura delle varie realtà socio-culturali in cui operano; essa offre inoltre la possibilità di agire secondo approcci diversi e diversificati.

I suggerimenti e le proposte di attività offerti nel testo privilegiano il gioco linguisticamente finalizzato, rispondendo alla peculiare esigenza ludica del fanciullo.

Tenuto conto peraltro che l'immagine riveste notevole importanza nel processo di apprendimento di una lingua, si è dedicata una cura particolare all'apparato illustrativo che, grazie alla sua immediatezza ed espressività, diventa supporto motivante, funzionale alla comprensione dei messaggi, alla produzione orale e scritta ed all'accostamento alla lettura.

I quaderni di lavoro che accompagnano ogni volume del corso offrono un'ulteriore gamma di esercizi di ampliamento, di fissaggio, di rinforzo, di reimpiego e di verifica di quanto è stato appreso in classe, sotto la guida dell'insegnante.

Con la presente proposta di lavoro l'autrice si augura di poter contribuire alla conoscenza ed alla diffusione all'estero della lingua e della cultura italiana.

S.P.

INDICE

Pag.	Obiettivi	• Contenuti linguistici •
	• *acquisire correttezza ortografica* • *acquisire correttezza ortografica* • *riduzione della frase* • *narrare* • *chiedere informazioni* • *localizzare luoghi*	*le doppie* *gn*

Andiamo a scuola

- Vai a scuola, Ugo?
- Sì, vado a scuola.
- Anche noi andiamo a scuola.
- Posso venire con voi?
- Ma certo! Vieni! Andiamo a scuola insieme.

10

- Buon giorno, bambini. Sono la maestra d'italiano.
- Buon giorno, signorina. Come sta?
- Bene, grazie. E voi come state?
- Bene, grazie.
- Chi sei tu?
- Sono Gianni.
- E tu chi sei?
- Sono Anna.
- E tu?
- Sono Martino.

Chi è?

Chi è?
È un uomo.
Come si chiama?
Si chiama Angelo Bianchi.

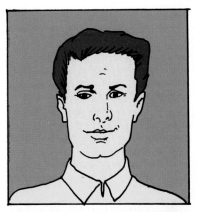

Chi è?
È una donna.
Come si chiama?
Si chiama Luisa Bianchi.

Chi è?
È un ragazzo.
Come si chiama?
Si chiama Sandro.

Chi è?
È una ragazza.
Come si chiama?
Si chiama Anna.

Dove abiti?

- Parli l'italiano?
- Sì, un po'.
- Come ti chiami?
- Mi chiamo Carlo.
- E tu?
- Io mi chiamo Gianni.
- Quanti anni hai?
- Ho sette anni. E tu?
- Io ho otto anni.
- Dove abiti?
- Abito in via Dante, n. 12.
  E tu?
- Io abito in via Roma, n. 27.

Prova a fare un dialogo come questo con i tuoi compagni.

Ora completa!
Mi chiamo ....Carlo..
Ho .....sette..... anni. Abito in ....via Dante..........................
.... n ...12.....

Chi siete? Chi sono?

- Chi siete?
- Siamo Carla e Marta.
- Parlate l'italiano?
- Sì, parliamo l'italiano.
- Siete uguali!
- Sì, siamo uguali perché
  siamo gemelle.

- Chi sono?
- Sono i miei genitori.
- Parlano l'italiano?
- Sì, parlano l'italiano.

Che cosa dicono questi bambini?

Il gioco dei cartellini

Scrivi!	Non scrivere!
legge	Non leggere!
disegn	Non disegnare!
giocar	Non giocare!
parla	Non parlare!
cancell	Non cancellare!
aprie	Non aprire la porta!
cant	Non cantare!

I bambini, con l'aiuto dell'insegnante, preparano questi ed altri cartellini e li dividono in due buste. Un bambino estrae un cartellino dalla busta della prima serie, legge l'azione e il compagno deve dire il contrario.

Bip e Bop

Cantiamo!

Questo è mio

Ecco la penna sì
questa è mia sì
non è tua è solo mia
sì sì sì

Ecco il quaderno sì
questo è mio sì
non è tuo è solo mio
sì sì sì

Ecco la matita sì
questa è mia sì
non è tua è solo mia
sì sì sì

Ecco il libro sì
questo è mio sì
non è tuo è solo mio
sì sì sì

Ecco la gomma sì
questa è mia sì
non è tua è solo mia
sì sì sì

Ecco la cartella sì
questa è mia sì
non è tua è solo mia
sì sì sì

Ecco il banco sì
questo è mio sì
non è tuo è solo mio
sì sì sì

È tuo? È tua?

Questo... quello...

Questo libro è nuovo e quello è vecchio.

Questo gatto è nero e quello è bianco.

Questa... quella...

Questa bambola è nuova e quella è vecchia.

Questa palla è rossa e quella è azzurra.

Continua tu con gli oggetti della classe.

Di chi è?

Questa è la mia palla.
La mia palla è rossa.

Quella è la tua palla.
La tua palla è bianca.

Questo è il mio trenino.
Il mio trenino è nero.

Quello è il suo trenino.
Il suo trenino è rosso.

Questa è la mia bambola.
La mia bambola è piccola.

Quella è la sua bambola.
La sua bambola è grande.

Leggi!

Michele ha un cane.
Il suo cane è nero.

La mamma ha una bicicletta.
La sua bicicletta è rossa.

Ora completa.

Il babbo ha un'automobile.
La .... automobile è nuova.

Gianna ha una maglia.
La .... maglia è gialla.

Antonio ha un berretto.
Il .... berretto è verde.

Carlo ha un pallone.
Il .... pallone è bianco e nero.

21

È suo? È sua?

Sai fare altre scenette come queste con la tua maestra?

Tutti hanno...

Tutti hanno qualcosa...

Osserva e unisci.

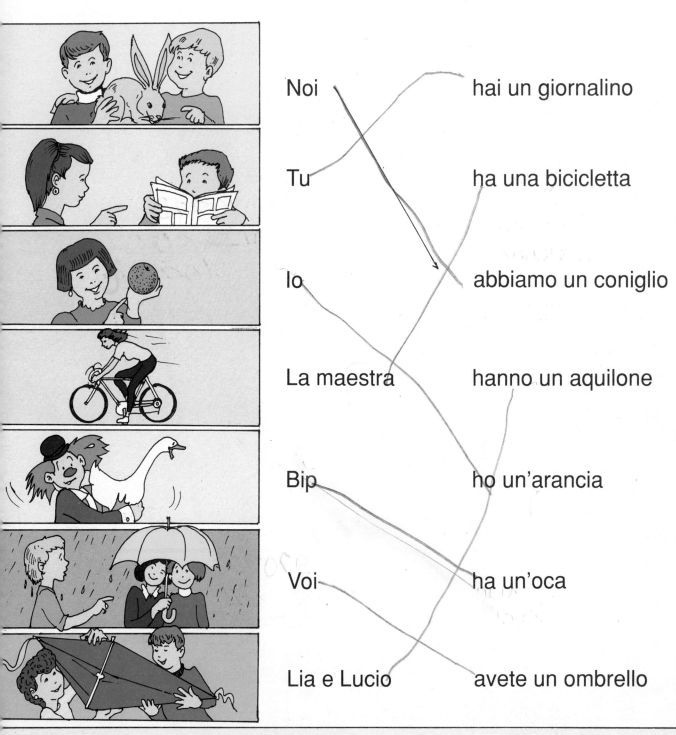

Noi   hai un giornalino

Tu   ha una bicicletta

Io   abbiamo un coniglio

La maestra   hanno un aquilone

Bip   ho un'arancia

Voi   ha un'oca

Lia e Lucio   avete un ombrello

Sai fare altre frasi come queste?

24

Gigi fa il maestro

Gigi: - Bambini, avete la penna?

Bambini: - Sì, l'abbiamo.

Gigi: - Avete la matita?

Bambini: - Sì, l'abbiamo.

Gigi: - Avete il quaderno
d'italiano?

Bambini: - Sì, l'abbiamo.

Gigi: - Avete il libro d'italiano?

Giorgio: - Io non ho il libro
d'italiano. L'ho
dimenticato a casa.

Maria: - Anch'io l'ho dimenticato.

Gigi: - Giorgio, Maria prendete
il mio libro!

*I bambini si alternano impersonando a turno il ruolo di
Gigi, di Giorgio, di Maria e dei bambini.*

Il gioco dei comandi

Aprite il libro!	Alzate la mano!
Prendete la penna!	Prendete il quaderno!

Prendete la matita e disegnate!

Prendete il libro e leggete!

Prendete la penna e scrivete!

Prendete la biro rossa e scrivete!

Andate alla porta!	Andate alla lavagna!
State zitti!	Fate silenzio!

Ogni bambino sceglie un cartellino e dà l'ordine a due compagni i quali eseguono e ripetono l'azione (in prima persona plurale). Un altro bambino descrive l'azione che i compagni fanno (in terza persona plurale).

I cartellini possono essere usati anche così: - Un bambino dice «Aprite il libro» e un compagno dice il contrario «Non aprite il libro».

Otto bambini

Otto bambini si tengon per mano,

saltano, giocano, fanno baccano

corrono in fila stretti a catena

volano insieme sull'altalena

nessuno la mano dell'altro molla

appiccicati son con la colla

se cade uno cadon di sotto

tutti quanti fino a otto:

ma sempre ognuno rimane sano.

Porta fortuna tenersi per mano.

L. Martini

Sai scrivere al posto giusto queste parole?
scuola - scolaro - errore - ragazzo - giornale -
zero - ragazza - stivale - fiore - classe - oca -
canzone - ape - indiano - ombrello - erba

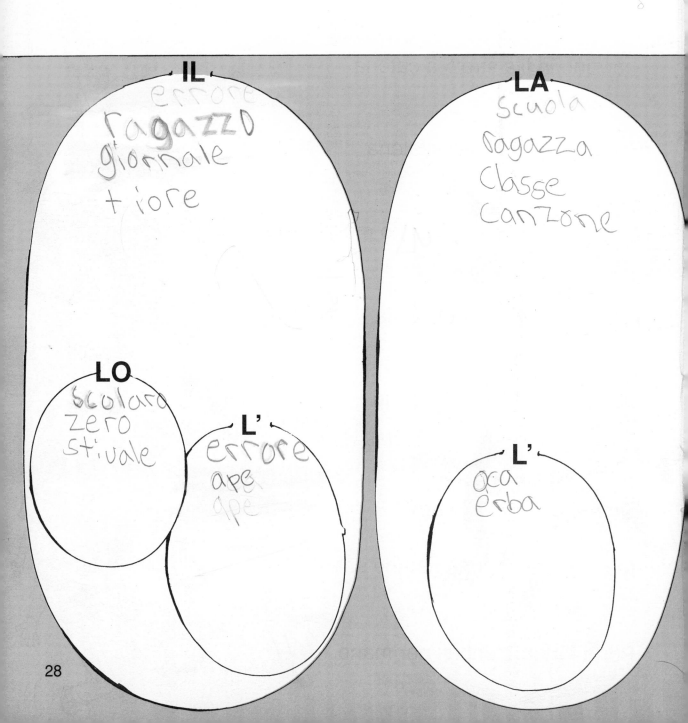

IL
errore
ragazzo
giornale
fiore

LA
scuola
ragazza
classe
canzone

LO
scolaro
zero
stivale

L'
errore
ape
ape

L'
oca
erba

28

Ora completa

il giornale

i giornali

la scuola

le scuole

lo zero

gli zeri

l'oca

le oche

l'ombrello

gli ombrelli

Questa è la mia famiglia

Questa è la mia famiglia:
la mamma, il babbo,
i miei fratelli, il mio
cane ed io.

Questa è la mia famiglia:
il babbo, la mamma,
le mie sorelle, il mio gatto
ed io.

Questa è la mia famiglia:
il babbo, la mamma,
mia sorella, mio
fratello ed io.

Questa è la mia famiglia:
il mio babbo, la mia
mamma, il mio
fratellino ed io.

Attenzione!

Si dice:

il babbo ⟶	il mio babbo
la mamma ⟶	la mia mamma
la sorella ⟶	mia sorella
le sorelle ⟶	le mie sorelle
il fratello ⟶	mio fratello
i fratelli ⟶	i miei fratelli
la sorellina ⟶	la mia sorellina
il fratellino ⟶	il mio fratellino

Presenta la tua famiglia

Disegna e racconta.   *Draw picture.*

31

Sandra racconta...

Sandra ha disegnato la sua casa e racconta...

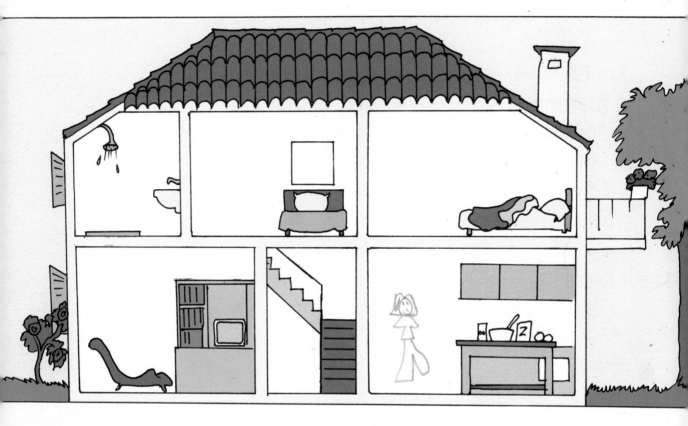

«La mia mamma è in cucina e fa una torta.

Il mio babbo è in soggiorno e legge il giornale.

Mio fratello è in bagno e fa la doccia.

Mia sorella è in stanza e fa il letto.

Il mio fratellino è nella sua stanza e gioca.

Il mio gatto è sul balcone e dorme.

Il mio cane è in giardino e corre.»

Aiuta Sandra a disegnare le persone e gli animali
al posto giusto.

Leggi a pagina 32 e completa.

Chi?	Che cosa fa?	Dove?
La mamma	torta	cucina
Il babbo	giornale	giornale
Il fratello	doccia	bagno
Il fratellino	gioca	nella
La sorella	letto	stanza
Il gatto	balcone	dorme
Il cane	gardino	corre

Che cosa fa... ?

- Che cosa fa il tuo babbo?
- Fa il contadino. Lavora in campagna.

Italen

- Che cosa fa la tua mamma?
- Fa l'impiegata. Lavora in ufficio.

- Che cosa fa il tuo babbo?
- Fa il medico. Lavora in ospedale.

Homework

- Che cosa fa il tuo babbo?
- Fa l'operaio. Lavora in fabbrica.

- Che cosa fa la tua mamma?
- Fa l'operaia. Lavora in fabbrica.

- Che cosa fa il tuo babbo?
- Fa l'impiegato. Lavora in banca.

- Che cosa fa il tuo babbo?
- Fa il sarto. Lavora in casa.

- Che cosa fa la tua mamma?
- Fa la commessa. Lavora in negozio.

Home work

Dove va?

Racconta!

va

Quante frasi sai fare?
Scrivi le frasi sul tuo quaderno.

Tutti vanno...

Completa

vai	vanno	andiamo	va	vado	andate

Marco e Gianni .... al mare.

Luciana .... in montagna.

Franco .... al circo.

Tu e Lia .... nel bosco.

Io .... a scuola.

Tu .... al parco.

Noi .... a casa.

Il babbo ed io .... nel bosco.

Vengo anch'io...

Bip va a passeggio.
Per la strada incontra un cane.
- Dove vai? - domanda il cane.
- Vado a passeggio - risponde Bip.

- Allora vengo anch'io.
Per la strada incontrano un gatto.
- Dove andate? - domanda il gatto.
- Andiamo a passeggio - rispondono Bip e il cane.
- Allora vengo anch'io.

Per la strada incontrano una formica.
- Dove andate? - domanda la formica.
- Andiamo a passeggio.
- Vengo anch'io... ma sono piccola!
- Ti porto io! - dice Bip.

39

Dove sono?

Il sole è sopra le montagne.

Carlo è sull'albero.

Giovanna è dietro l'albero.

Marta è nel prato.

Il cane è vicino a Marta.

Il pesce è sotto il ponte.

Luigi è sulla strada.

Andrea è sul ponte.

Claudio è a sinistra dell'albero.

Lia è a destra dell'albero.

Antonio è davanti al ponte.

... dopo

Dove sono ora?

I sole e' dorietro le montangeel
corlo e' sotto e' al bro
Giovanna e' davanto l'albro
Maret e' zull albero
il cane e' l'omtano
le perce e mell acuea
Luigi e nulla pamchkina
claudia e mell degua
claudio e a destra dell' albero
Antomo e l'a cammistzztedell a
Lia e a
doino

La casa

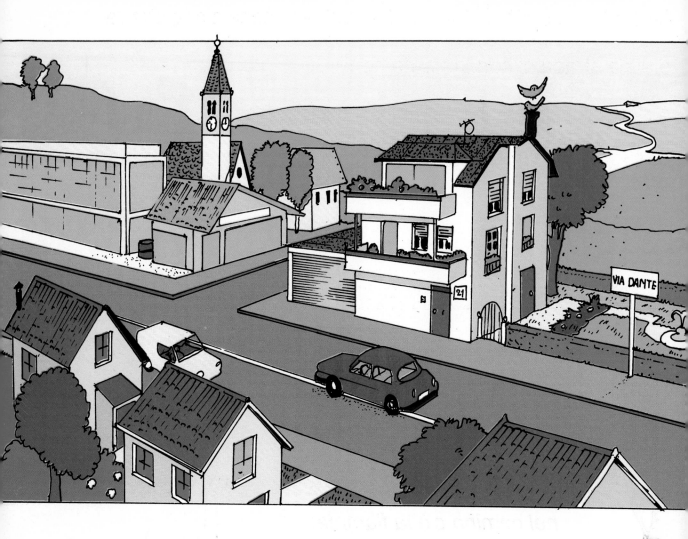

In mezzo ai prati c'è un paese.

Nel paese c'è una via: si chiama via Dante.

In via Dante n. 21 c'è una casa nuova, nuova.

Sul tetto c'è l'antenna della televisione.

C'è anche un camino e sul camino ci sono gli

uccellini che cantano.

42

Dietro la casa c'è un albero. Davanti alla casa c'è la strada

e sulla strada ci sono le automobili.

A destra c'è il giardino, a sinistra c'è il garage.

Nella casa ci sono due famiglie.

Filastrocca con tanti c'è

Prova un po' a dir con me
la poesia con tanti c'è.
Nella casa c'è la mamma,
nel camino c'è la fiamma;
c'è la rosa sul rosaio,
c'è la chioccia nel pollaio;
c'è la pecora nel prato.
Prova un po' a dir con me
tante volte: c'è, c'è, c'è.
F. CASTELLINI

43

Dove abiti?

C'è o ci sono?

Leggi e completa.

Luisa abita in un piccolo paese in mezzo ai prati

e ai boschi.

Nel paese di Luisa .... la scuola

e .... poche case. In mezzo

al paese .... la chiesa.

.... anche due negozi.

Laura, invece, abita in città.

In città .... tante case e grattacieli.

In città .... l'ospedale, la stazione

ferroviaria .... gli alberghi,

i negozi e i supermercati.

Non .... i prati e i boschi, ma

.... i giardini e i parchi.

.... molto traffico: automobili, autobus

e biciclette. Sotto terra .... la metropo-

litana. Vicino alla città .... le fabbriche.

Tonino va in città

In campagna vive un topolino.
Si chiama Tonino.

Tutti i giorni va nei campi, mangia
chicchi di grano e gioca con gli
altri topolini.

Un giorno Tonino pensa:
«Voglio andare in città».

Cammina, cammina.
Viene la notte.
Ecco la città.

Tonino è stanco. Sulla strada vede un topo bianco.
«Che cosa fai?» - chiede il topo a Tonino.
«Sono stanco e ho fame!»

- «Vieni a casa mia!»
I due topi vanno in una cantina e mangiano il formaggio.
Il giorno dopo, i due topi vanno in campagna insieme.

«Com'è bella la campagna!» - dice il topo di città - «Mi piace tanto. Posso restare qui con te?»
«Ma certo!» - risponde Tonino

Prova a raccontare la storia di Tonino guardando le illustrazioni.

bassa  alto

bello

brutta

caldo

fredda

pulito

sporca

veloce

lenta

48 vuoto

piena

Completa!

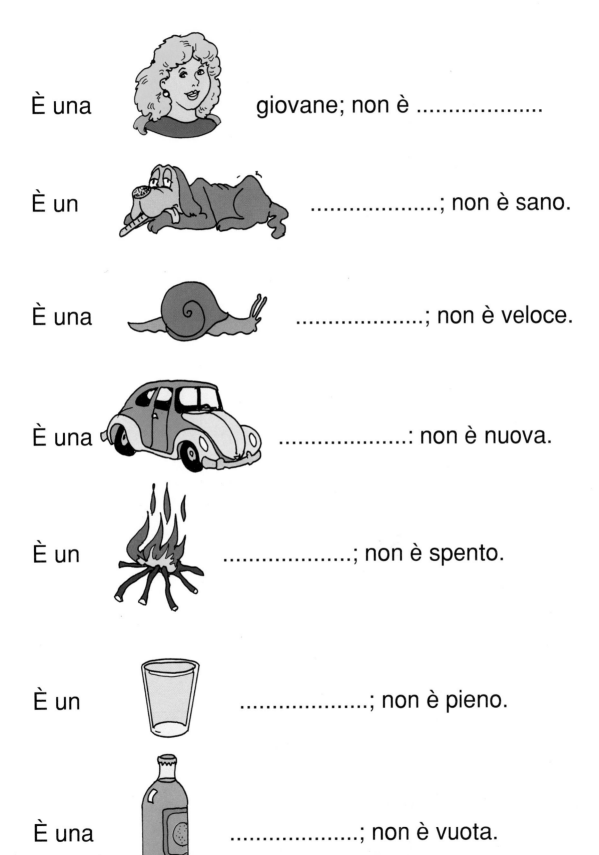

È una   giovane; non è ....

È un   ....; non è sano.

È una   ....; non è veloce.

È una   ....: non è nuova.

È un   ....; non è spento.

È un   ....; non è pieno.

È una   ....; non è vuota.

La lepre e la tartaruga

Un giorno una lepre incontra una tartaruga.

Cammina, tartaruga!
Sei vecchia e lenta!

Io? Non sono
né vecchia, né
lenta!

Io, invece, sono
giovane e veloce.

Senti...
facciamo una
gara?

Una gara con te? Ah! Ah! Ah!

Sì, proprio una gara!
Vedremo chi arriva
prima
in paese!

Il giorno dopo...

La  e la partono

insieme.

Ma la si ferma e gioca con

le nel bosco.

Poi gioca con il di un bambino.

La è stanca e pensa:

La è così lenta!
Posso dormire un po' sotto

questo !

Il  tramonta. La si sveglia,

guarda l' e dice: "Com'è tardi!"

Corre, corre in e

vede la sdraiata su

una

La ride e dice: "Hai visto come sono

veloce? Ho vinto la gara!"

Com'è la lepre?

Com'è la tartaruga?

Con chi fa la gara la tartaruga?

Chi gioca con le lepri e con il gatto?

Chi dorme sotto un albero?

Chi ha vinto la gara?

Come sono? Trova le differenze.

Gioco a catena: Un bambino dice al compagno: «Il gatto è nero». Il compagno risponde: «Il gatto è bianco» e così via con tutti gli aggettivi e i loro contrari che i bambini conoscono. In un secondo momento il gioco si può ripetere al plurale.

Indovina

Son graziosa e piccolina

son tra l'erba la regina

la mia veste è tanto bella

che somiglio ad una stella.

Son dai bimbi preferita e mi chiamo...

Singolare	Plurale
Il gatto è furbo.	I gatti sono furbi.
L'aeroplano è veloce.	Gli aeroplani sono veloci.
Il grattacielo è alto.	I grattacieli sono alti.
L'elefante è grande.	Gli elefanti sono grandi.
La giraffa è alta.	Le giraffe sono alte.
La lumaca è lenta.	Le lumache sono lente.
L'automobile è veloce.	Le automobili sono veloci.
La bambola è bella.	Le bambole sono belle.

Come sono?

Le   sono chiuse; non sono ....

Le   sono alte; non sono ....

Le   sono sporche; non sono ....

I   sono lunghi, non sono ....

I   sono piccoli; non sono ....

I   sono pieni; non sono ....

55

La casa sull'albero

Un mattino Orsetto rosso
trova Daniele, lo scoiattolo,
nel bosco.
- Come stai? - chiede lo
scoiattolo.
- Bene, ma sono stufo di
dormire nella mia tana.
È fredda e buia.

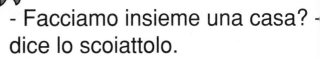

- Facciamo insieme una casa? -
dice lo scoiattolo.
- Dove? - chiede Orsetto.
- Sul mio albero -
risponde Daniele.
Lo scoiattolo e Orsetto
raccolgono piccoli rami e
grandi foglie.

Lavorano tutto il giorno.
Viene la sera e la casa è
pronta.
Gli animali del bosco corrono
a vedere la casa di Orsetto
rosso e di Daniele lo scoiattolo.

- Com'è bella! - dice Cipì, il
  passerotto.
- Com'è comoda! - dice Gugliel-
  mo, il tasso.
- Com'è sicura! - dice Dino, il
  picchio.
- Com'è grande! - dice Antonia,
  la rana.
- Com'è accogliente! - dice Michelino, il riccio.
- Com'è calda! - dice Samuele,
  il coniglio.
- È una bella casa, davvero! -
  dice il gufo.

I bambini impersonano il ruolo degli animali e drammatizzano il racconto.

Giochiamo!

Che confusione!

dormire   vieni
andiamo   a   casetta
nella   nuova

andiamo   sì
stanco   sono

Le parole nei fumetti sono in disordine:
sai scriverle in ordine?

Buona notte!

Dorme il cane nel canile,
dorme il gatto sul fienile,
la gallina nel pollaio,
la formica nel formicaio,
dorme il pesce in fondo al mare,
dorme il sole e il casolare,
dorme il passero sul tetto,
dorme il bimbo nel suo letto,
dormi tu che dormo anch'io
nella pace del buon Dio.

G. ANSELMI

La pecora è nel bosco

La pecora è nel bosco bum! (bis)

La pecora è nel bosco

Lerillerillelera

La pecora è nel bosco

      Lerillerillerà.

60

Vogliam vedere il bosco bum! (bis)
Vogliam vedere il bosco
Lerillerillelera
Vogliam vedere il bosco
Lerillerillerà

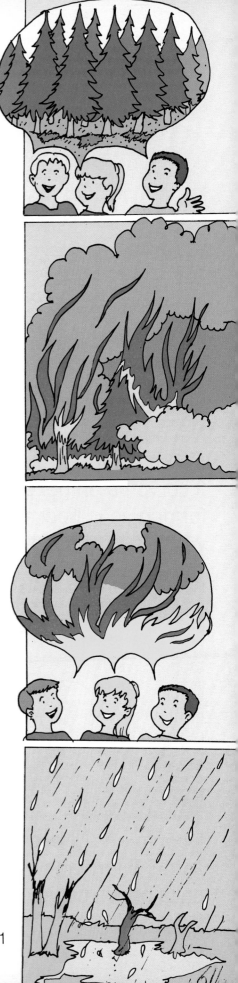

Il fuoco l'ha bruciato bum! (bis)
Il fuoco l'ha bruciato
Lerillerillelera
Il fuoco l'ha bruciato
Lerillerillerà

Vogliam vedere il fuoco bum! (bis)
Vogliam vedere il fuoco
Lerillerillelera
Vogliam vedere il fuoco
Lerillerillerà

L'acqua l'ha spento bum! (bis)
L'acqua l'ha spento
Lerillerillelera
L'acqua l'ha spento
Lerillerillerà

Il corvo e la volpe

Nel bosco su un albero c'è un corvo.
Il corvo ha un pezzo di formaggio in bocca.

Passa una volpe molto furba e dice: - Come sei bello, corvo! Cantami una canzone!

Il corvo apre il becco e canta. Il formaggio cade nella bocca della volpe.

La volpe ride e dice:
- Cu-cu, cu-cu il tuo formaggio non c'è più!

corvo

cuore

bocca

ca - co - cu

Il gallo canta.

Nel  un

canta: Chicchirichì! Chicchirichì! Svegliatevi!

Il  è già qui.

La chioccia esce dal  e

chiama i suoi pulcini - Venite! Ci sono

tanti chicchi di 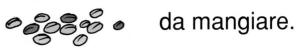 da mangiare.

Due  corrono a bere l'acqua.

Quando il 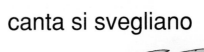 canta si svegliano

anche le mucche nella

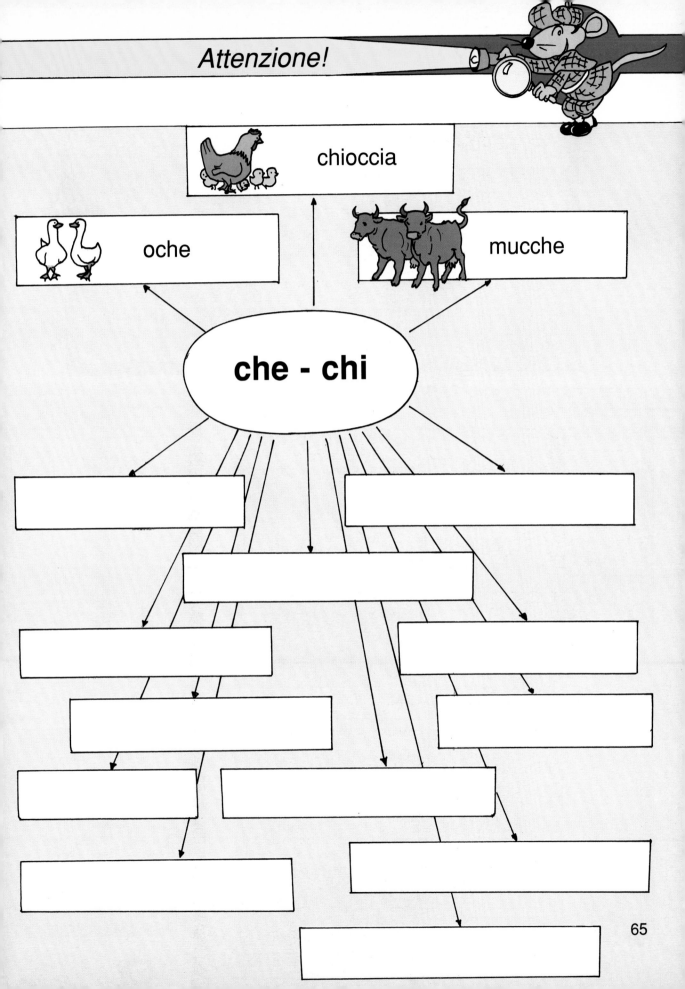

chioccia

oche

mucche

che - chi

Che tempo fa?

Fa bel tempo

Fa brutto tempo

C'è il vento

Che tempo fa?

C'è la nebbia

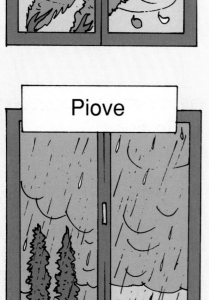

Piove

C'è il temporale

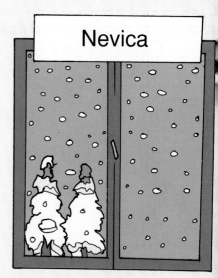

Nevica

Il temporale

Attenzione!

Piove!
Il bambino
torna a casa
tutto bagnato.

Piove!
La bambina ....
....
....

Piove!
I bambini tornano
....
....

Piove!
Le bambine ....
....
....

L'acqua

Vien giù l'acqua

sull'ombrello.

Ma quanta acqua

viene giù!

È già piena la c e la q.

I goccioloni.

I fitti goccioloni

sono venuti a milioni.

Sul tetto hanno fatto la guerra

poi si sono nascosti sotto terra.

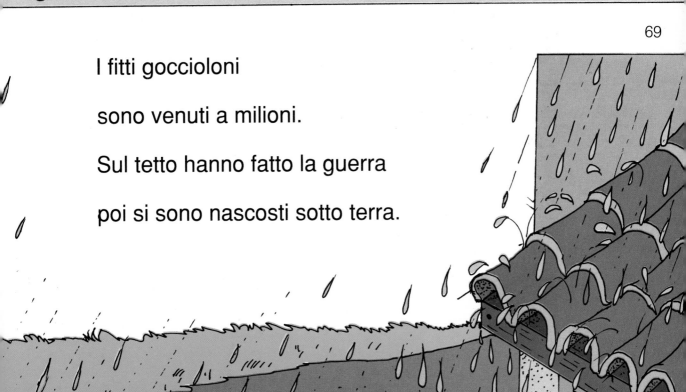

Sotto la pioggia

- Ciao, Anna.
- Ciao, Renata. Che brutta giornata, vero?
- Oh no, non è così brutta.
- Ma piove!
- Mi piace la pioggia!
- A me la pioggia non piace! Mi piace il sole.
- Andiamo a passeggio sotto la pioggia?
- Sì, andiamo.

Poco dopo...

- Che bello il tuo ombrello!
- Ti piace? È nuovo. Ma tu hai gli stivali nuovi!
- Sì, ti piacciono?
- Oh, sì! Sono proprio belli!

Mi piace - non mi piace

- Mi piace questa macchina.
- Perché?
- Perché è veloce.
  Non mi piace quella perché
  è lenta.

- Mi piacciono questi vestiti!
  Sono belli.
- Non mi piace quello perché
  è brutto!

- Mi piace questo esercizio!
  È facile.
- Non mi piace quell'esercizio
  È difficile.

Cantiamo!

Quando piove

Quando piove lento lento
e fa freddo e tira vento
nella casa sta il bambino,
nel suo nido l'uccellino,
nella cuccia il cagnolino,
presso il fuoco il mio gattino.
E il ranocchio senza ombrello?
Sotto il fungo sta bel bello.

O. CICOGNA

72

La passeggiata nel bosco

Finalmente non piove più!
- Titta, andiamo a raccogliere
le castagne nel bosco?
- chiede Meo.
- Sì, andiamo! - dice Titta.

I due topolini vanno nel bosco.
Nel bosco trovano Orsetto rosso.
- Che cosa fai? - chiedono
Titta e Meo.
- Preparo la legna per l'inverno!
- Buon lavoro, Orsetto rosso!
Ma dove sono le castagne,

Titta? - chiede Meo
- Ecco una castagna bella
grossa! - dice Titta.
- Ma no! Non è una castagna!
È Michelino, il riccio.
- Che cosa fai, Michelino?
- Ho sonno! Preparo la mia
tana per dormire.
- Buon riposo, Michelino.
Dormi bene.

Titta e Meo trovano
Daniele, lo scoiattolo.
- Che cosa fai, Daniele?
- Raccolgo pigne e noci
per l'inverno.
- Buon riposo, Daniele e
buon appetito!

I due topolini camminano
nel bosco.
- Ecco le castagne finalmente! -
grida Meo.
Titta e Meo raccolgono un
cesto pieno di castagne.

Tornano a casa, accendono il
fuoco e cuociono le castagne.
- Che buon profumo!
- dice Meo.

Che cosa dicono Titta e Meo a Orsetto rosso?
Che cosa dicono i topolini a Michelino?
Che cosa dicono a Daniele?

74

Nevica

La neve cade lentamente dal cielo. Tutto è bianco.
I fiocchi di neve cadono

sulle   ,   sul   ,

sui   ,   sulle   ,

sulla   ,   sull'   dei bambini,

sugli   del giardino.

Come nevica!

Gioco a catena.
L'insegnante dice: «Nevica. Come sono le montagne?».
Un bambino risponde: «Le montagne sono bianche» e,
a sua volta, chiede al vicino di banco: «Com'è la strada?» e
così via.

Lo stesso gioco si può fare con «Piove».

75

Andiamo a sciare?

Carla: - Quanta neve è caduta questa notte!
Ugo: - È vero! È tutto bianco. Andiamo a sciare?
Carla: - Ma io non so sciare!
Ugo: - Ti insegno io.
Elena: - Anch'io non so sciare.
Il babbo: - Prendi la slitta, Elena, e vieni con me.
              Andiamo a slittare.
Ugo e Carla si mettono la giacca a vento, il berretto,
i guanti, gli scarponi. Anche Elena si mette la giacca
a vento.Il babbo: - Siete pronti?
I bambini: - Sì, siamo pronti! Andiamo!

Chi va a sciare? Chi va a slittare?

Sulla pista

Ugo e Carla sono sulla pista.
- Sei pronta, Carla?
- Sì, Ugo, ma ho tanta paura.
- Perché hai paura?
- Perché non so sciare bene.
- Non aver paura. Vieni con
  me. Scendiamo piano, piano.

Luca va a pattinare

Luca non sa sciare, ma sa
pattinare.
Tutti i giorni va al campo
di pattinaggio.
Si mette i pattini e scivola
veloce sul ghiaccio.

77

So... non so...

Racconta!

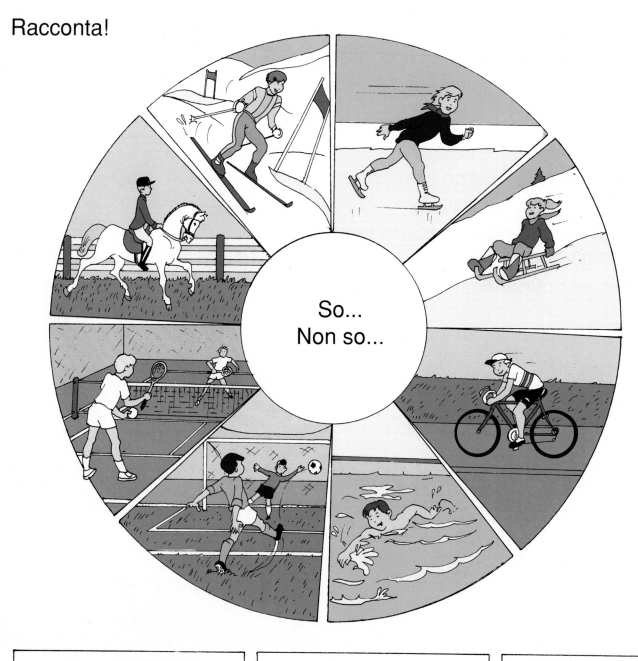

giocare a tennis

giocare a calcio

sciare

slittare

nuotare

correre in bicicletta

cavalcare

pattinare

78

Sa... non sa...

Paolo sa sciare, ma non sa pattinare.

Anna sa nuotare, ma non sa giocare a calcio.

Ivo sa cantare, ma non sa suonare.

Sara sa ballare, ma non sa cucinare.

Parole crociate

1) Va su e giù senza scale: è l'ascensore.
2) Quando hai le mani bagnate prendi l'........
....
3) Vive nell'acqua: è il ....
4) Scia sulla neve: è lo ....
5) Salta da un ramo all'altro: è la ....
6) Al parco giochi c'è lo ....
7) Ha la stella e la pistola: è lo ....
8) Con gli spaghetti o i maccheroni si fa la ......
....

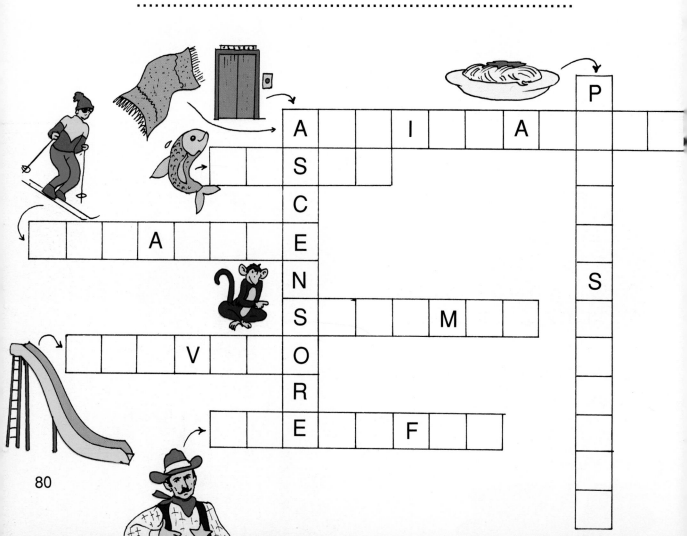

Bip, Bop e l'uomo di neve

È notte. Fuori nevica e fa freddo. Bip e Bop vanno a letto, ma ...
- Dormi, Bop?
- No, e tu?
- Anch'io non dormo.
- Perché?
- Penso all'uomo di neve ...
- Anch'io ...
- Forse ha freddo ...

- Che facciamo?
- Ho un'idea! Alzati!
  Prendi una giacca a vento,
  un berretto, una sciarpa e
  vieni con me.
- Dove andiamo?
- Vedrai ...

Poco dopo ...

- Ciao, uomo di neve!
  Come stai?
- Ho tanto freddo!
- Guarda! Ti abbiamo
  portato una giacca a vento,
  un berretto e una sciarpa.
- Grazie, Bip! Grazie, Bop!
  Siete proprio gentili.
  Ora sto bene e non ho
  più freddo.

Rispondi!
Dorme Bip?
Dorme Bop?
Perché Bip e Bop non dormono?
Che cosa fanno Bip e Bop?
Che cosa dice l'uomo di neve?

*I bambini drammatizzano la scenetta impersonando
a turno il ruolo di Bip, di Bop e dell'uomo di neve.*

L'albero di Natale

- Papà, oggi è il 24 dicembre. Facciamo l'albero di Natale?
- Non posso devo andare a lavorare.

- Mamma, facciamo l'albero di Natale?
- Non posso. Anch'io devo andare a lavorare.

Facciamo una sorpresa al papà e alla mamma?

Che sorpresa?

Venite con me!

- Tagliamo questo albero?
- Oh, no! Questo è un melo e le mele mi piacciono tanto!

- Tagliamo questo?
- Oh, no! Questo è un pero
  e le pere mi piacciono
  tanto!

- Tagliamo questo, allora!
- Oh, no! Su quell'albero
  gli uccelli fanno il nido.

Che cosa facciamo?

Ho un'idea!
Torniamo a casa.

Guardate! Dietro
la casa c'è un
grande abete...

È vero! Sarà
il nostro albero
di Natale.

I tre bambini lavorano tutto il giorno. Mettono sull'albero le palline colorate, le candeline rosse e i fili d'oro.

È la notte di Natale. I bambini aprono la finestra e...

PARVVLVS NAT̃ E NOB̃ 7 FILI DAT̃ E NOBIS 7 FACT̃ E PRINCIPAT̃ SVP HVMERV EĨ. YSA. IX. C.

IMPLETI SVNT DIES VT PARERET 7 PEPERIT FILIVM SVVM PRIMOGENITVM. LVCE. II. C.

STATIM VENIET AD EHPLV SACTV SVV DOMINATOR DÑS 7 ANGEL̃ ESTAMETI QVE VOS VVLTIS. MALACHI. II. C

SANTO NATALE!

(Antica canzone pastorale – Musica di F. GRUBER)

Santo Natal! Notte d'amor!
Tutto tace il cielo è d'or!,
già distende la luna il suo vel,
« Gloria » cantano gli Angeli in Ciel;
nella misera grotta
nasce il Bambino Gesù!

Santo Natal! Notte d'amor!
Una bianca stella appar,
al richiamo Re Magi e pastor,
sono accorsi a pregare il Signor;
con la Vergine madre
dorme il Fanciullo Divin.

◀ Beato Angelico, *Natività*,
Museo di San Marco, Firenze.

Gli auguri

- Cosa fai, Gigi?
- Scrivo una cartolina di auguri.
- A chi scrivi?
- A Gianni.
- Chi è?
- È il mio amico che vive in Italia.
- Che cosa scrivi?
- "Tanti auguri, Gianni. Buon anno".

Attenzione!

Si dice:

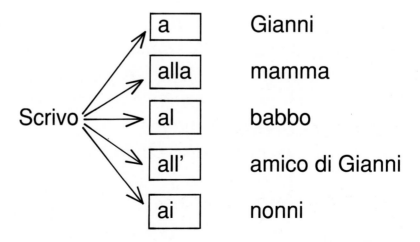

Scrivo	a	Gianni
	alla	mamma
	al	babbo
	all'	amico di Gianni
	ai	nonni

Si dice:

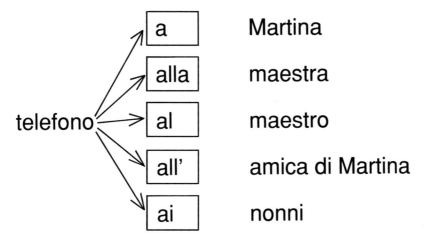

telefono
- a — Martina
- alla — maestra
- al — maestro
- all' — amica di Martina
- ai — nonni

Giochiamo!

I ragazzi si dividono in due gruppi.
L'insegnante fa la domanda prima ad un gruppo, poi all'altro.
Ogni risposta vale un punto.

Quanti mesi ha un anno?

Come si chiamano i mesi?

Che giorno è oggi?

Che giorno era ieri?

Che giorno è domani?

Che giorno è dopodomani?

Sai dire la data?

Quali sono i mesi delle vacanze?

Io conto...

21	22	23	24
ventuno	ventidue	ventitré	ventiquattro

25	26	27	28
venticinque	ventisei	ventisette	ventotto

29	30
ventinove	trenta

40	50	60	70
quaranta	cinquanta	sessanta	settanta

80	90	100
ottanta	novanta	cento

Conta   da   30   a   40
         da   40   a   50
         da   50   a   60
         da   60   a   70
         da   70   a   80
         da   90   a   100

Quanti anni hanno?

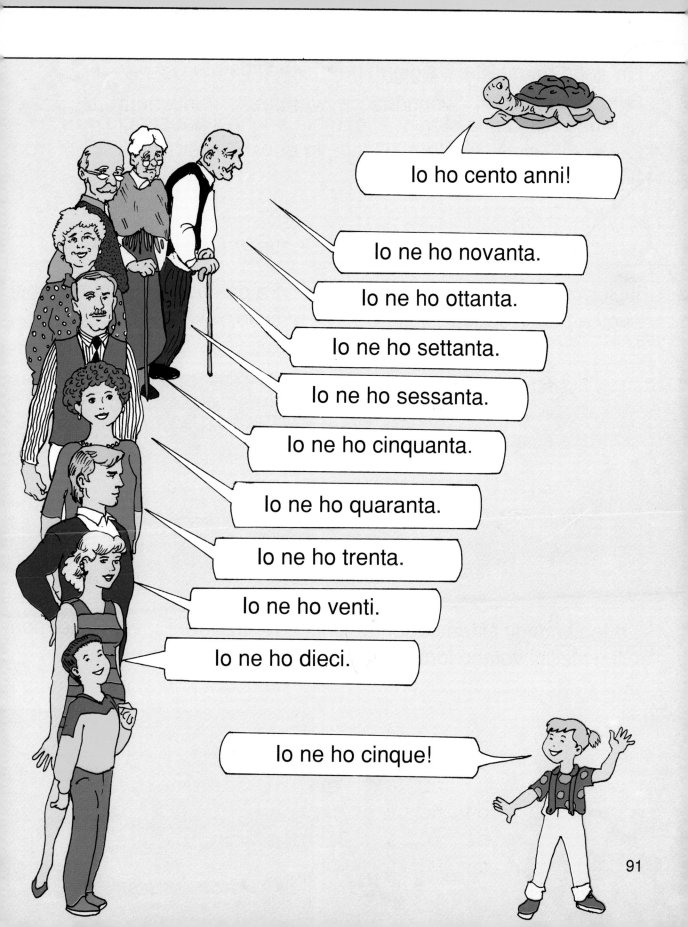

Le quattro stagioni

Un anno ha quattro stagioni: primavera, estate,
autunno, inverno.
Quando cambia la stagione, cambia anche il paesaggio.
Osserva il cielo, gli alberi, il sole, in queste illustrazioni
e rispondi.

Il cielo è azzurro. Nei prati e
sugli alberi ci sono tanti fiori.
È.................................

Fa caldo. Il sole splende nel
cielo.
È ....

Le foglie degli alberi cadono.
Gli uccellini volano lontano.
È ....

Fa freddo. Piove. Sulle montagne cade la neve.
È ....

I mesi e le stagioni

Scrivi il nome dei mesi.
Disegna le stagioni. Scrivi il loro nome.
Ed ora racconta!

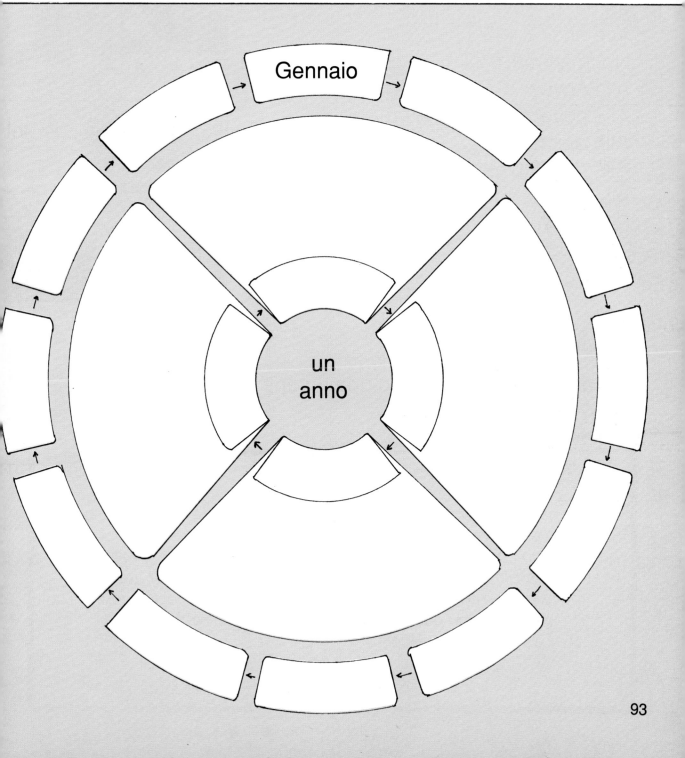

93

A che ora vai a scuola?

- Martina, a che ora vai a scuola
  domani?
  Alle otto?
- No, mamma.
- Alle nove?
- Alle nove? Oh, no, mamma.
- Alle dieci?
- Alle dieci? Oh, no, mamma.
- Ma perché ridi, Martina?
- Perché domani è domenica, mamma!

Indovina...

Chi cammina notte e giorno, ma rimane sempre allo stesso
posto?

> *Gioco dell'orologio.*
> *I bambini scrivono su tanti cartellini le ore del giorno.*
> *Mettono i cartellini in una scatola.*
> *Un bambino estrae un cartellino, legge l'ora ad alta voce e
> racconta che cosa fa. Es.: "Sono le otto. Alle otto vado a scuola".*
> *Un altro bambino può descrivere l'azione in terza persona.*
> *"Alle otto Carlo va a scuola".*

Che ore sono?

Sono le dodici

Sono le nove

Sono le tre e mezzo

Sono le otto e mezzo

Sono le una

Sono le dieci

Metti le lancette al posto giusto.

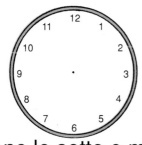
Sono le sette e mezzo

Sono le tre

Sono le una e mezzo

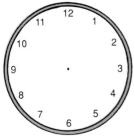
Sono le cinque

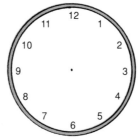
Sono le dieci e mezzo

Sono le due

Che cosa fa Gianni durante il giorno?

 Al mattino Gianni

si sveglia,

si alza,

si lava,

si veste,

fa colazione,

va a scuola.

Il pomeriggio Gianni

gioca,

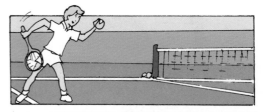

va in bicicletta,

guarda la televisione.

 La sera Gianni

si sveste,

si lava i denti,

va a letto,

dorme.

Racconta che cosa fai tu.

Anna e Gianni si vestono...

Anna   Gianni

Che cosa mette Gianni?

....

....

Che cosa mette Anna?

....

....

Anna e Lina giocano.

Anna e Lina giocano.
Anna fa la mamma e
Lina fa la figlia.

- Lina, vieni! La colazione
  è pronta.
- Vengo, mamma!
- Vuoi una tazza di tè o una tazza di latte?
- Una tazza di tè, grazie.
- Vuoi pane e burro o pane e marmellata?
- Pane e burro, grazie.
- Vuoi un uovo?
- No, grazie.
- Vuoi una banana?
- Oh, sì, grazie.

Prova a rifare questo dialogo con la tua compagna.

Cantiamo!

IL CAFFÈ DELLA BEPPINA

Il caffè della Beppina
non si beve ogni mattina
né col latte né col tè,
ma perché, perché, perché!

La Beppina fa il caffè

fa il caffè con la cioccolata
poi ci mette la marmellata
mezzo chilo di cipolle
quattro o cinque caramelle
sette ali di farfalla
e poi dice: Che caffè!

È mezzogiorno

- Ciao, mamma! Che fame! È pronto

  il pranzo?

- Sì, è pronto. Devo soltanto

  preparare la tavola.

- Possiamo aiutarti?

- Oh, sì! Grazie. Ora metto la tovaglia

  pulita.

- Io metto i piatti.

- Io metto le posate: quattro forchette,

  quattro cucchiai, quattro coltelli...

- Io metto i bicchieri, il vino e l'acqua.

- Mangiamo? Ho una fame da lupi!

- Buon appetito!

- Grazie, altrettanto.

Gigino affamato

Ritorna da scuola e ha tanta fame
afferra e divora due fette di pane.
Mangia un piatto di pasta al ragù
ma ancora non gli basta,
ne vuole di più.
Poi carne, patate ed infine un gelato
però, poverino, è ancora affamato.

Bastian contrario

Bastian contrario dorme di giorno
di notte lavora e gira intorno
carezza il lupo, scaccia il cane,
mangia l'acqua e beve il pane.

Giochiamo!

Parole crociate

Sai scrivere il nome dei cibi?

Che cosa ti piace?
Che cosa non ti piace?

- Mamma, andiamo a passeggio?
- Non posso.
- Cosa devi fare?
- Devo cucinare.
- Posso aiutarti?
- Sì, grazie.

Ora osserva le illustrazioni e completa.

- Cosa devi fare, mamma?
- .... mettere in ordine.
- Posso aiutarti?
- Sì, grazie.

- Cosa devi fare, mamma?
- .... pulire.
- Posso aiutarti?
- Sì, grazie.

- Cosa devi fare, mamma?
- .... stirare.
- Posso aiutarti?
- Sì, grazie.

Una ricetta

- Mamma, posso fare la macedonia di frutta?
- Certo!
- Come si fa?
- Ecco la ricetta.

Prendi una mela, una banana, una pera, un'arancia e alcune fragole.

Lava e sbuccia la frutta.

Taglia la frutta e mettila in una terrina.

Aggiungi il succo di un limone e un po' di zucchero.

La macedonia è pronta!

Il babbo, la mamma, Silvia e Alberto vanno in campagna.

Arrivano in un bel prato.

Mangiano seduti sull'erba.

Poi il babbo legge il giornale sotto un albero e la mamma legge un libro.

Silvia gioca con la sua bambola.

Alberto, invece, gioca con il cane.

A sera tornano a casa contenti.

106

Il giorno dopo...

- Pronto! Ciao Carla.

- Cosa hai fatto ieri?

- Ciao, Silvia.

- Ieri? Sono andata al mare con il babbo e la mamma. E tu cosa hai fatto?

- Sono andata in campagna con il babbo, la mamma e mio fratello.

Che bello! Che cosa avete fatto?

- Abbiamo mangiato seduti sull'erba.

E poi?

- Il babbo ha letto il giornale e la mamma ha letto un libro.

E tu?

107

- Io ho giocato con la bambola e mio fratello ha giocato con il cane.
- Io, invece, ho nuotato e ho giocato con gli amici sulla sabbia.

Attenzione!

Oggi	Ieri

Vado a scuola

sono andato a scuola

studio l'italiano

ho studiato l'italiano

mangio un dolce

ho mangiato un dolce

guardo la televisione

ho guardato la televisione

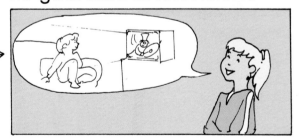

faccio i compiti

ho fatto i compiti

109

Lucio e i compiti

Lucio gioca tutto il pomeriggio con i suoi amici.
Guarda l'orologio. Com'è tardi!
Sono già le cinque.
Lucio corre a casa.

- Hai fatto i compiti? - chiede la mamma.
- No...
- Che cosa hai fatto?
- Ho giocato a pallacanestro.
- Bene! Questa sera niente televisione!

Perché non ho fatto i compiti prima?

Lucio fa i compiti e pensa:

È tardi

La mamma: - Anna, Martino sono le nove. È tardi.

Anna e Martino: - Non è tardi, mamma.

La mamma: - Andate a dormire!

Anna: - Non voglio andare a dormire.

Martino: - Anch'io non voglio andare a dormire.

La mamma: - Perché?

Anna: - Perché voglio guardare la televisione.

Martino: - Anch'io voglio guardare la televisione.

Il babbo: - Ora basta, bambini. Andate a dormire.

Anna e Martino: - Che peccato! Buona notte, mammina, buona notte, papà.

Che cosa fai la sera?

Guardi la televisione?

A che ora vai a dormire?

La lista della spesa

- Che cosa fai mamma?
- Devo fare la lista della spesa.
- Posso aiutarti?
- Sì, grazie. Apri la credenza.

- Che cosa c'è?
- C'è pasta, ma non c'è riso.
- C'è anche zucchero?
- Sì, lo zucchero c'è, ma non c'è caffè.
- Anche la marmellata è finita.

- Apri il frigorifero. Che cosa c'è?
- È quasi vuoto. Ci sono soltanto due uova.
- C'è burro?
- No, non c'è burro e non c'è latte.
- C'è vino?
- Poco!
- Guarda nel cassetto. C'è frutta?
- Ci sono mele.

- Prendi il foglio e scrivi, Luisa.
- Subito, mamma.
- Allora... non c'è caffè, non c'è marmellata, non c'è latte, non c'è burro, non c'è vino.
- Ci sono soltanto due uova, mamma.
- È vero. Basta così?
- No. Per favore, compera due banane e una cioccolata per me.

Vuoi aiutare Luisa a scrivere la lista della spesa?

In negozio

Negoziante: - Buon giorno, signora.

Signora: - Buon giorno.

Negoziante: - Che cosa vuole?

Signora: - Vorrei un pacchetto di caffè.

Negoziante: - E poi?

Signora: - Un chilo di riso, un vasetto di marmellata, un litro di latte, una bottiglia di acqua minerale.

Negoziante: - Basta così?

Signora: - No, vorrei anche una bottiglia di vino rosso, sei uova, due banane e una cioccolata.

I bambini impersonano il ruolo della signora e del negoziante e drammatizzano il dialogo.

Che cosa ha comperato la mamma?

Rileggi la pagina 115, racconta e poi scrivi.

La mamma di Luisa ha comperato:

un ....

un ....

un ....

un ....

una ....

una ....

sei ....

due ....

E poi?

una ....

bottiglia

sveglia

foglia

gl

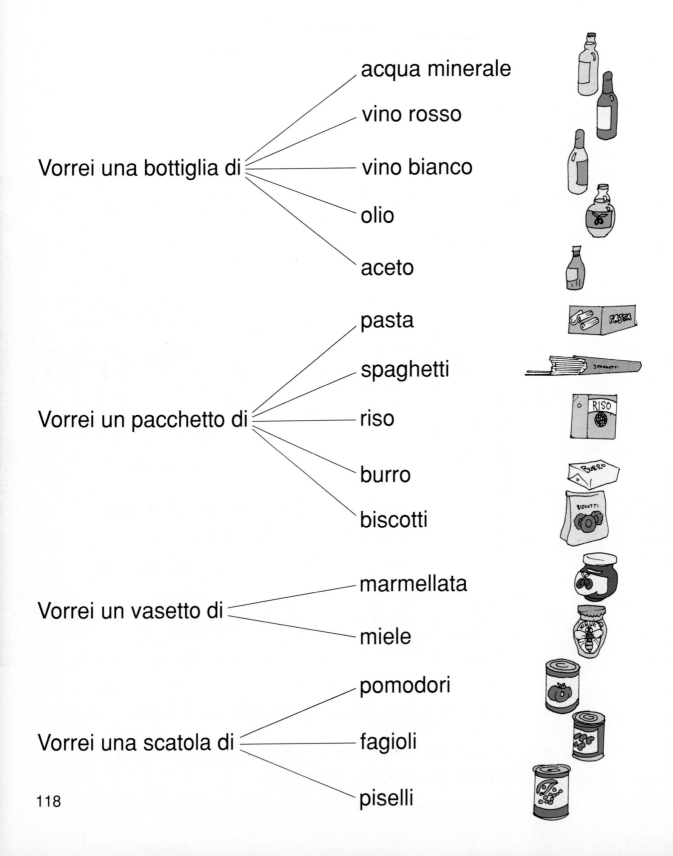

Vorrei una bottiglia di
- acqua minerale
- vino rosso
- vino bianco
- olio
- aceto

Vorrei un pacchetto di
- pasta
- spaghetti
- riso
- burro
- biscotti

Vorrei un vasetto di
- marmellata
- miele

Vorrei una scatola di
- pomodori
- fagioli
- piselli

Dov'è il supermercato?

Che cosa chiede la bambina al vigile?

Leggi la risposta del vigile, guarda l'illustrazione.

Sai scrivere la domanda?

Vai diritto al semaforo, poi volta a sinistra, in via Dante.
Sulla destra c'è il supermercato.

I bambini impersonano a turno il ruolo del vigile e della bambina sempre cambiando la domanda.

Bop va a fare la spesa

- Bop!
- Cosa vuoi, Bip?
- Vai a fare la spesa?
- Certo! Dimmi, che cosa devo comprare?
- Compera un chilo di zucchero, un chilo di pasta, un chilo di riso, un litro di latte, una cioccolata.
- E una per me!
- Certo! Prendi i soldi e non dimenticare nulla!

Bop corre in negozio, ma per la strada dimentica tutto.

Che cosa deve comperare Bop?

È carnevale!

ARLECCHINO E PULCINELLA

Arlecchino e Pulcinella sono a letto.
Un colpo di vento apre la porta.
Arlecchino: - Per favore, chiudi la
porta.
Pulcinella: - Per favore, chiudila tu.
Arlecchino: - Ma io sto male.
Pulcinella: - Anch'io sto male.
Entra il dottore.
Il dottore: - Chi dorme con la porta
aperta?
Arlecchino e Pulcinella: - Noi.
Il dottore: - Perché non chiudete
la porta?

Arlecchino: - Non posso. Io ho la
polmonite.
Pulcinella: - Non posso. Io ho
l'appendicite.
Il dottore: - Bene, bene. Ora vi opero
subito.
Arlecchino: - Operarmi? Aiuto!
Pulcinella: - Operarmi? Aiuto!
I due pigroni saltano dal letto e scappano.

I bambini drammatizzano la scenetta imper-sonando il ruolo del dottore, di Arlecchino e di Pulcinella.

121

È Pasqua

"Gesù è risorto, non è qui..." (Lc 24.6)

"Buona Pasqua" dicono i bambini.

"Buona Pasqua" cantano gli uccellini.

"Buona Pasqua" cantano le campane.

Campane di Pasqua

Campane di Pasqua, festose
che a gloria quest'oggi cantate:
o voci vicine e lontane
che Cristo risorto annunciate
ci dite, con voci serene:
- Fratelli vogliatevi bene!

N. GHIROTTO

Giotto: Cristo risorto
Cattedrale di Assisi, Assisi

Simonetta è malata

La mamma prende il termometro e misura la febbre.

- Mamma, ho la febbre? - chiede Simonetta

- Sì, hai un po' di febbre. Oggi non puoi alzarti.

  Devi stare a letto.

- Ma io voglio alzarmi! Non voglio stare a letto.

- Non puoi alzarti. Ora ti porto il latte caldo.

- Non voglio il latte caldo. Voglio alzarmi e giocare!

- Prima devi guarire.

- Posso leggere?

- Sì, ora ti porto i giornalini.

- Posso ascoltare la radio?

- Certo!

Che cosa chiede Simonetta?

No, non puoi alzarti.

Sì, devi stare a letto.

No, non puoi giocare.

Sì, devi bere
il latte caldo.

Sì, puoi guardare
la televisione.

Al telefono

Completa questo dialogo

- Pronto! Chi parla?
- Sono Simonetta.
- Ciao Simonetta. Sono Luciana Come stai?

- Sto male...
- Cos'hai?
- ....

- Oh, povera Simonetta! Hai anche la febbre?
- ....

- Posso venire a trovarti?
- Sì, dài! Così, possiamo giocare insieme!

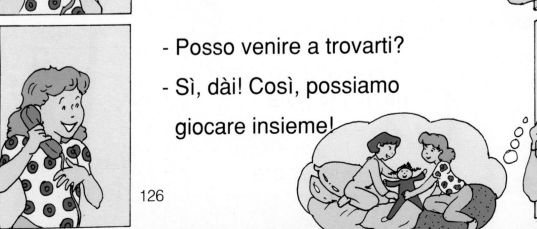

L'omino dei palloni

L'omino dei palloni
ne aveva sette tutti arancione.

Uno s'è sgonfiato!
Che peccato.

Uno ha fatto un botto
e si è rotto.

Gli altri col vento prendono il volo.
E l'omino? Rimane solo.

L. MARTINI

Guarda le illustrazioni e racconta la storia dell'omino
dei palloni.

Becca qua, becca là

La gallina sotto il muro
becca il grano che è maturo,
becca qua, becca là
quando è stanca se ne va.

N. ORENGO

Attenzione!

Parole crociate

Cerca nelle due poesie le parole con lettera doppia.
Quante sono?

L'inverno è già passato

L'inverno è già passato,
aprile non c'è più.
E ritornato maggio
al canto del cucù:
Cucù, cucù, aprile non c'è più.
È ritornato maggio
al canto del cucù.

130

Nel bosco

È una bella giornata. Elena e Marco fanno una passeggiata nel bosco.

Raccolgono pigne sotto gli abeti e giocano. Poi si siedono davanti a una piccola capanna di legno.

Ad un tratto Marco grida:

- Guarda!

- Che cosa c'è?

- C'è un grosso ragno.

- Che cosa fa?

- Fa una ragnatela.

- Non mi piacciono i ragni - dice Elena.

- Sai che cosa dice sempre il babbo? - risponde Marco. - Che i ragni portano soldi!

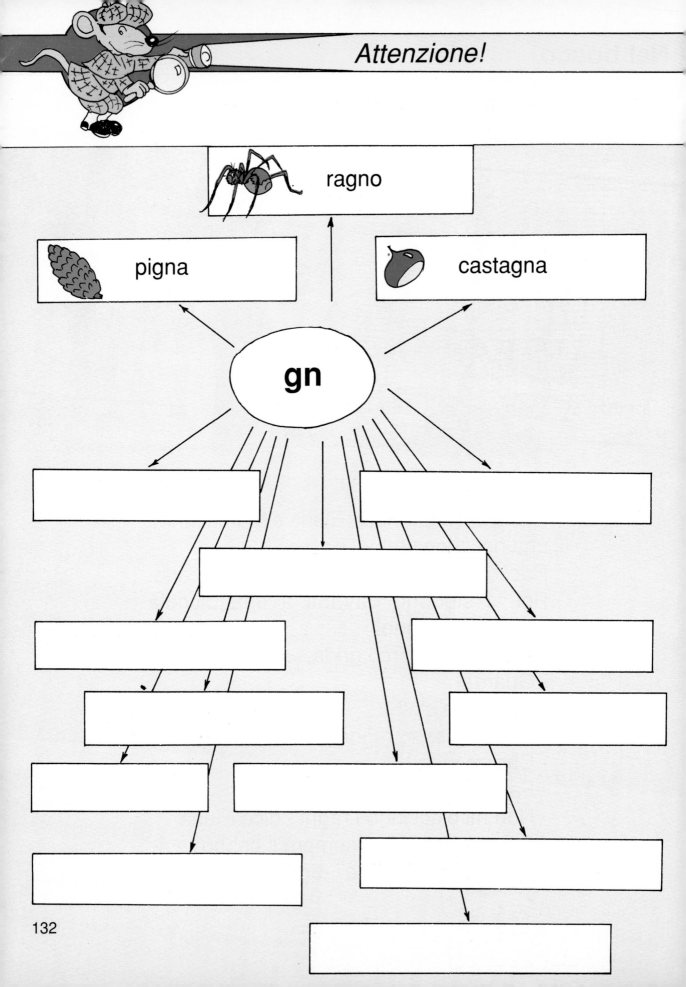

ragno

pigna

castagna

gn

Che cosa fanno?

Osserva le illustrazioni e poi scrivi

Claudio e Giulia giocano con
le conchiglie sulla spiaggia
con gli amici.

Claudio e Giulia ....

....

....

....

....

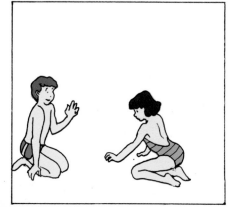

....

Al mare

Fa caldo. Sulla spiaggia ci sono tanti bambini che nuotano, giocano, corrono, raccolgono le conchiglie, mangiano il gelato. Leggi i fumetti nella pagina accanto e scrivili al posto giusto

Vuoi un gelato?

Nuoti con me?

Mi

Sì, un gelato alla fragola

Non so nuotare!

Guarda quanti pesci!

Non andate lontano!

Raccogliamo le conchiglie!

Read

Biancaneve è nel bosco.

Ha fame, ha freddo, ha sonno.

Cammina, cammina.

Ad un tratto vede una casetta

in mezzo agli alberi.

Entra.

Nella casetta non c'è nessuno.

In cucina sul tavolo ci sono

sette piattini, sette forchette,

sette bicchierini e una torta.

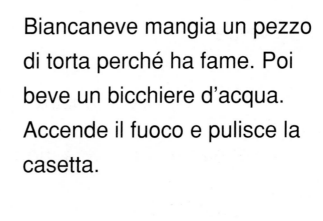

Biancaneve mangia un pezzo

di torta perché ha fame. Poi

beve un bicchiere d'acqua.

Accende il fuoco e pulisce la

casetta.

In una stanza ci sono sette

lettini. Biancaneve ha sonno, si

sdraia su un lettino e dorme.

I sette nani tornano a casa

I sette nani tornano a casa e cantano.
«Andiamo, andiamo, a casa ritorniamo
Andiamo, andiamo, a casa ritorniamo
Andiamo, andiamo, a casa ritorniamo!»

Aprono la porta e......
Mammolo: - Chi ha mangiato nel mio
piattino?
Eolo: - Chi ha bevuto nel mio bicchierino?
Gongolo: - Chi ha acceso il fuoco?
Dotto: - Chi ha pulito la nostra casetta?
Pisolo: - Chi c'è nel mio lettino?

Biancaneve si sveglia.

- Chi siete?
- Siamo i sette nani e questa è la nostra
casetta. E tu chi sei?
- Sono Biancaneve: non ho una casa, non
ho un letto...
- Biancaneve, resta con noi!

È arrivato il circo!

Gianni e Luisa: - Mamma, mamma! Abbiamo una bella notizia.

La mamma: - Che cosa c'è?

Gianni: - È arrivato il circo.

La mamma: - È arrivato il circo? Quando?

Luisa: - Questa mattina.

La mamma: - Dov'è?

Gianni: - È nella piazza.

Luca: - Sai, mamma, chi c'è al circo?

La mamma: - Non lo so. Chi c'è?

Luca: - C'è Bip.

La mamma: - Chi è Bip?

Gianni: - Bip è un pagliaccio molto simpatico.

Luca: - Mamma, possiamo andare al circo questa sera?

La mamma: - Non lo so. Aspettiamo il babbo. A che ora comincia lo spettacolo?

Gianni: - Alle otto.

Suona il telefono

Drin, drin, drin! Suona il telefono
È il babbo di Marco. Che cosa dice?

- Pronto chi parla?
- Ciao, sono papà.
- Ah, sei tu, papà? Che cosa c'è?
- ....

- Sì, lo so che c'è il circo.
- ....

- Alle otto. Possiamo andare, papà?
- ....

- Bene, papà. Grazie!

Povero Bip!

.... tira, tira, tira...

e leva il dente

L'Italia

- Dov'è l'Italia?
- Guarda! È qui!
- Sembra uno stivale....
- Sì, è vero! Sembra proprio uno stivale.